懐かしい阪急沿線にタイムトリップ

1970～80年代

阪急電車の記録

【下巻】京都本線・千里線編

諸河 久

京都の嵐山は、京都線の桂から分かれる嵐山線で訪れることができる。春や秋の休日には梅嵐（ばいらん）急行と呼ばれていた梅田（現・大阪梅田）からの直通急行も運転されていた。梅田行きの2300系が新幹線並走区間を行く。
水無瀬～上牧　*1984.11.23*

.....Contents

表紙写真：新淀川橋梁を渡り終え、十三への下り勾配を駆け降りる特急車6300系のトップナンバー。
梅田（現・大阪梅田）～十三　*1980.5.14*

裏表紙写真：梅田と十三の間は1959年に複線を新設して、宝塚線と京都線の分離運転が実現し、３複線になった。
この経緯があったため、京都線の橋梁はやや高い位置に設けられている。
梅田（現・大阪梅田）～十三　*1980.5.13*

日中15分間隔だった京都線特急は、毎時00分と30分に10分間隔の神宝線と梅田（現・大阪梅田）を同時発車し、十三まで並走が続く。この時は6300系が先着。中津～十三　*1980.5.1*

はじめに

筆者が「阪急電車」の魅力に接したきっかけは「鉄道模型趣味 特別増刊 私鉄めぐり特集」(1956年・機芸出版社刊)を購読したことに始まる。その表紙を飾ったのが、山口益生氏撮影の710系京都線急行だった。同誌には「京阪神急行電鉄の50年」の表題で阪急電車が特集され、グラフページに踊る歴代車両の雄姿と中尾豊氏の軽妙な記述に、阪急電車を一見したこともない東京の鉄道少年はすっかり魅了されてしまった。

高校球児のメッカは甲子園であるが、私鉄電車ファンならば「いつかは阪急電車に見参」の志を抱いたわけである。高校に進学して関西探訪旅行が始まると、真っ先に阪急電車にカメラを向けたことはいうまでもない。京都線には新鋭2800系が主力として投入されており、連装窓のシックな造作の車内と転換クロスシートを装備した素晴らしい車両だった。

関西出版社の雄だった保育社から『カラーブックス 日本の私鉄シリーズ 阪急』の撮りおろし依頼を受けたのは、筆者がフリーになった翌年の1980年だった。阪急ロケのコンセプトとしては、奇を衒わないオーソドックスな技法と、沿線各所の桜に代表される自然美と融和した絵柄が求められた。桜花が爛漫を迎えた神戸線を皮切りに、新緑が美しく映える初夏の千里線までロケーションが続けられた。当時のスタンダードカラーポジフィルムだった「コダック・コダクローム64」は、阪急電車のアイデンティテイともいえるマルーン色の描写に威力を発揮した。モータドライブを装填したキヤノンF-1と高性能FDレンズの使用により、千載一遇のシャッターチャンスも記録できた。

共著者として参画された長年の畏友・高橋正雄氏の尽力により、ファン必見の素晴らしい仕上がりとなった『阪急』が刊行されたのは1980年10月だった。阪急のお膝元である梅田の大型書店の店頭では、発売当初に上位の売上部数を誇った記憶がある。

あれから40年が経過した今冬、株式会社フォト・パブリッシングから当時のカラーポジ作品を中核にして再編した『阪急電車の記録』を上梓する運びとなった。旺盛な体力に任せて阪急沿線の撮影地を踏破した若き日の作品は、1980年代の阪急電車の魅力を十分にお伝えできることと確信している。いっぽう、筆者が1970年代初頭に撮影情熱を燃やした旧新京阪鉄道の100系(通称P-6)や往時のモノクローム作品も、新たにデジタルリマスターして掲載した。走り去った名車たちのアフターイメージもあわせてお楽しみいただければ幸いである。

2020年 早春

諸河 久

1章

阪急電車
コダクロームの記憶（1）

京都本線・嵐山線

梅田から神戸・宝塚・京都へ延びる３線のなかで、京都線は特急専用車を用いることや車体幅が他の２線と異なるなど、独特な魅力を放つ。梅田（現・大阪梅田）　*1980.5.17*

2000系の京都線版として1960年から新造された2300系は、2000系とともに鉄道友の会から第１回「ローレル賞」を受賞した。
嵐山行き直通急行（梅嵐急行）の2300系が次の停車駅長岡天神へ向かう。
大山崎～長岡天神（現・西山天王山～長岡天神）　*1980.4.29*

2800系は1964年に特急用２扉車で誕生し、扉間に転換クロスシートを設けた。1975年から後継車6300系が登場すると、３扉化されロングシート車になった。正雀車庫　*1985.1.30*

28
27
26

6300系に特急の座を明け渡し、急行や普通列車に充てられた2800系。車歴のなかでは３扉車時代のほうが長くなるのだが、華やかな特急時代の記憶は色あせない。長岡天神～大山崎（現・西山天王山～大山崎） *1982.5.5*

８両編成の場合、京都市内地下区間の西院と大宮では当時、ホーム有効長の制約から最後部1両の扉を開閉しないため扉脇のステッカーで告知されていた。南茨木～茨木市　*1980.5.3*

線路端で列車を撮る時、まず確かめるのは車両番号。普通列車ならいろいろな形式がありえるが、名車2800系と気付けば必ず捉えようと集中する。置きピンの所できちっと撮れたら、はい！休憩。
長岡天神～大山崎（現・西山天王山～大山崎） *1985.3.3*

中間に設置した乗降扉は左右の窓を戸袋窓とし、連窓の連なりを極力活かしたため、優美な雰囲気を残している。線路の向こうは現在も畑が広がるが、手前は宅地化された。茨木市～南茨木　*1980.5.3*

非冷房で登場した3300系は、1981年から冷房改造と正面·側面への表示幕装置取付けが進められた。改良を加えながら長きに渡って使い続ける阪急電車は、いつの時代も輝きを放つ。高槻市～富田　*1990.2.7*

3427

大阪市交通局（現・Osaka metro）との協議により、3300系と60系は共に車体の幅や長さなどを統一して新造された。右奥から梅田（現・大阪梅田）発の6300系特急が近づいてくる。令和に入った現在の淡路界隈は高架化工事の真っ只中。
柴島～淡路　*1980.5.3*

高槻市
6501

5300系は3300系の車体寸法を引き継ぎつつ、5100系同様の無接点制御回路を採用。地下鉄乗り入れ可能な冷房装置付き車両として1972年から導入が始まった。茨木市～南茨木　*1980.5.3*

6300系は京都線の特急専用車として1975年に誕生した。競合路線に対向すべく、それまでの特急車2800系と同様に転換クロスシートを設置している。乗降扉を妻面寄りに配して、クロスシートを増やしたところが目新しい。
南茨木〜茨木市　*1982.5.8*

竹林が残る長岡天神界隈で捉えた6300系。初めて屋根肩にアイボリーを入れ、特急専用車としての風格を高めた。
長岡天神〜大山崎（現・長岡天神〜西山天王山）　*1980.4.29*

京都の河原町(現・京都河原町)から烏丸と大宮に停まると、当時の特急は大阪の十三までノンストップだった。ゆったりとしたシートに座ると桂川を渡った辺りから眠気が漂い始める。西京極〜桂　*1980.4.29*

梅 田
特 急
6352

6330の編成は1983年に１編成のみ新造された。高槻市や茨木市付近の高架化工事にともない、徐行運転が生じるため不足する特急車を補うための増備だった。7300系と同じく回生ブレーキ付き界磁チョッパ制御装置を採用し、両先頭車は電動車となった。桂～東向日（現・桂～洛西口） *1984.5.4*

6300系列でも下枠交差式ながら前パンタの特急が誕生した。100系や2800系のような菱形パンタをかざす姿を知る世代にとっては、好みが分かれるところ。長岡天神〜大山崎（現・西山天王山〜大山崎） *1989.4.4*

6330
6330

阪急京都線の脇に東海道新幹線を建設する際、阪急も高架線に改めることになった。工事を進めるなかで、先に出来た新幹線の高架を阪急が一時的に利用した経緯がある。新幹線と京都線、どちらも単独形式だった時代の0系と6300系。
上牧～水無瀬　*1980.4.29*

河原町
特急
6457

京都線では国鉄（現・JR）と接する区間が大山崎界隈にあり、列車が次々と行き交うが並走は意外と珍しい。粘るなかで偶然に両車が並んだものの、どちらも普通列車。特急と新快速だったら…などと贅沢は言えない。
長岡天神〜大山崎（現・西山天王山〜大山崎） *1982.5.5*

1982年から新造された回生ブレーキ付き界磁チョッパ制御の7300系は、7000系の京都線版で地下鉄堺筋線にも乗り入れ可能。写真の7300編成と7301編成は鋼製車体で、7302編成からアルミ製車体を採用した。西京極～桂　*1984.4.15*

梅田
急行
7300

戦後生まれの710系は車体更新や三扉化を経て、晩年は嵐山線で用いられた。1981年から廃車が始まり、最後まで残った716編成と717編成が1983年に引退し、710系の歴史に終止符が打たれた。松尾（現・松尾大社）～上桂　*1980.4.29*

716
716

嵐山線は全長4.1km、途中２駅の路線で全線複線で開業したものの、戦時中に単線になった。かつての名車が余生を送る路線だが、京都線からの直通急行（梅嵐急行）が訪れる春秋の休日は賑わいを増す。嵐山～松尾（現・松尾大社）　*1980.4.29*

2326
大阪
急
嵐山

大阪市交通局（現・Osaka Metro）が堺筋線に導入した60系。モニター屋根や乗降扉の小窓に時代を感じる。16～17ページと同じ地点だが、10年前のこの時はフェンスすら無い。宅地化された今も変わらないのは左の津之江小学校くらいだ。
高槻市～富田　*1980.5.17*

十三付近ですれ違う北千里行き1300系と河原町発の3300系。運行標識板は四角なら普通列車、円板なら優等列車と一目でわかり、配する色で方面をさりげなく示す。梅田(現・大阪梅田)～十三　*1980.5.14*

2章

阪急電車 コダクロームの記憶(2)

千里線

南千里を発車していく2800系北千里行き。千里線は大阪市内の天神橋筋六丁目から淡路で京都線と交わり、千里ニュータウンへ向かう路線。沿線には住宅地が広がり、関西大学への足にもなっている。南千里～山田　*1982.4.1*

神戸線1000系をきっかけに、京都線には1300系が1957年から導入された。1975年に冷房化され、10500kcal/hのRPU-3003Aを各車３台ずつ載せている。すれ違う5300系の新造開始はこれより３年早く、8000kcal /hのRPU-2202を４台搭載。
北千里〜山田　*1980.5.2*

1303

京都線では3300系まで車両番号は１からだった。5300系から神宝線と同様にトップナンバーが０から始まるようになり、以降の新形車両にも受け継がれた。山田～南千里　*1990.2.7*

梅田
普通
5300

5300系は下枠交差式パンタグラフを１両に２台載せている。梅田（現・大阪梅田）寄り先頭車5301は２つのはずだが、前面側は台座のみになっている。上巻18～19ページの5100系にもあるように、何らかの都合で前パンタを外す場面もあったようだ。
山田～北千里　*1980.5.2*

5301

新年度の初日、府立千里高校の桜は満開。1966年度生まれの新入生が高校生活を始める。現れた5311編成は1974年５月の新造なので、そろそろ８歳になる小学２年生といったところ。山田〜南千里　*1982.4.1*

900号車は1930年に神戸線特急用車両として誕生。1978年に廃車となり、1988年に建造当時のいでたちに復元された。
正雀車庫　*1990.2.20*

116号車は戦時中にロングシート車となったが、戦後に再びクロスシートにして特急車として活躍。1972年に廃車されたが、1948年更新の姿に動態復元された。その後一時静態化されていたが、1997年に再び動態化された。正雀車庫　*1997.4.3*

東海道新幹線との並走区間を力走する梅田(現・大阪梅田)行き特急6330系。1984年にデビューした6300系の最終増備編成で、京都線特急のエースとしてファンを魅了した。水無瀬～上牧　*1990.2.7*

3章

阪急電車
モノクロームの世界

京都本線・千里線・嵐山線

エコノミカル式空気バネ台車を履く2300系の背後には、万博会場の五重塔やパビリオンが見える。終点北千里はもうすぐだ。山田〜北千里　*1970.1.9*

新京阪鉄道が開業前に製造した20両を皮切りに総勢73両まで至った100系は、バネで押し付け合う独特な貫通幌を設けP-6の愛称で親しまれた。桂川を渡る十三行き普通列車４連の右奥には西京極球場の照明塔が見える。西京極〜桂　*1970.1.9*

梅田（現・大阪梅田）に向けて快走する132先頭の急行。扉脇にはこの年の３月から始まる大阪万博のステッカーが貼られている。西京極～桂　*1970.1.9*

132

前ページの走行シーンと同じ車両ながら、車庫の形式写真撮影では浮かび上がるリベットや重厚さに感嘆。100系には全鋼製車と半鋼製車の２種類がある。　桂車庫　*1970.1.9*

132

京都線はその大半を新京阪鉄道が電圧1500Vの路線で建設し、戦時中に阪急となった。大山崎に停車中の100系車内から、すれ違った河原町（現・京都河原町）行き急行の100系を見送る。大山崎　*1971.11.21*

100系の制御車は500の付番だったが、後年1500へ改番。1508は最後まで外付けの標識灯を装備。正雀車庫　*1971.11.22*

御大典に備えて新造された貴賓車1500は、リベットがなく側窓はゆったりと配され、貴賓室のほかに随員や調理の部屋、お手洗いなどを備えていた。戦後に一般車へ改造されても、写真のように優雅な雰囲気を残していた。正雀車庫　*1971.11.22*

1985年に復元された保存車116号の形式写真。1972年に廃車されたのち、1948年当時を再現し、クロスシートは710系のものを転用した。正雀車庫　*1985.1.26*

1997年に動態復活された116号は、車庫内で走行シーンも披露された。正雀車庫　*1997.4.3*

P-6独特の幌も見事に復元され、迫力満点の116号車。正雀車庫　*1985.1.26*

パビリオンを建設中の万博会場と、万博ステッカー貼り付けの100系。1513の前面から外付けの標識灯が飛び出ている。
山田～北千里　*1970.1.9*

ポール集電だった10形は千里線の昇圧でパンタグラフ集電に変わったが、能勢電鉄に移ると再びポール集電に戻った。
能勢電鉄の旧・猪名川橋梁を渡るのどかな光景。鶯の森～鼓滝　*1964.2.10*

1937年に現れた阪急では唯一となる流線形の200系。桂車庫　*1968.3.31*

木造車の25と55が千里山で焼失したため、代替車両としてMT編成２連１本の200系を新造。201は元々ブリル台車を履き、1951年に汽車会社の台車に変わった。桂車庫　*1968.3.31*

200系は豪華な内装で好評を博す反面、増備されることなく、他の形式と連結できないため、晩年は嵐山線用となった。この作品は桂車庫を訪問して撮影した。*1968.3.31*

700系は戦後の運輸省規格形車両で二段上昇窓だったため、下降窓を採用する阪急車両のなかでは異質な存在。中間車の750形は京阪タイプの旧・1300系からの改造車。嵐山　*1971.11.22*

705
嵐山
桂
間

710系は京都線用として1950年に神戸線810系と統一思想で新造され、全盛期には京都から宝塚への直通特急（休日のみ）にも使用されたことがある。全14両のうちセミクロスシート車が10両、最後の４両がロングシートだった。
桂　*1963.9.3*　撮影：篠崎隆一

特急
大阪 京都
713
特急
大阪 京都

小糸製の前照灯を備えた710系。1971年に全車ロングシートへ改造されたが、端正なたたずまいに昔日の面影が浮かぶ。
正雀車庫　*1971.1.7*

714

３扉化されても、往年の美しさが残る710系最終編成が桂川橋梁を行く。西京極～桂　*1971.11.23*

717
河原町
十三

1307編成は京都線における初の３扉車となり、エコノミカル台車と呼ばれるKS-62Aを履いている。ロングシート車による特急梅田（現・大阪梅田）行き。桂　*1963.9.3*　撮影：篠崎隆一

特急
1307
特急
桂
KATSURA

梅田（現・大阪梅田）行き急行運用に入る２扉時代の1600系。神宝線1200系の京都線版で1957年から新造された。100系の電機品を使ったため、懐かしい吊り掛け音が聞こえた。西京極～桂　*1968.3.31*

嵐山から到着して今度は先頭になる1651ほか４連が京都線からの乗り換え客を待つ。上と同じ車両だが３扉になると、優美さよりも実用的な印象が湧く。桂　*1980.4.29*

３扉化され２灯シールドビームに改まった晩年の1600系。余生を送る車両は千里線か嵐山線で用いられるが、ベッドタウンの千里線と比べ、嵐山線の場合はどことなくノスタルジックな感覚になる。嵐山　*1980.5.16*

河原町（現・京都河原町）行き特急の2300系５連。制御装置は神宝線が東芝製で、京都線は東洋電機製造の機器を用いる。当初の３両編成は制御車にもパンタグラフが付いていたが、後日撤去された。梅田（現・大阪梅田）〜十三　*1964.9.23*

京都線ならではの左右に特急運行標識板を掲げた姿。ネクタイ姿の運転士が梅田まで2800系を操る。この2814編成は晩年もエアサス台車KS-74を履いていた。長岡天神～大山崎（現・西山天王山～大山崎） *1971.11.21*

制御車にもパンタグラフを載せた2800系5連。86～87ページの2300系と同様、過去に見られた光景。
梅田(現・大阪梅田)～十三　*1964.9.23*

特急用2扉車の2800系は非冷房でデビューしたため、夏は客室窓を下降させ涼をとっていた。梅田の同時発車では中津まで神宝線よりも遅れがちな京都線特急だが、新淀川橋梁で追いつくパターンが多い。梅田(現・大阪梅田)～十三　*1964.9.23*

桂川への大カーブを行く河原町（現・京都河原町）行き特急。1964年に新造された2800系の脂が乗り切った姿。車掌の制服がかつて詰襟だったことを思い出させてくれる１枚。桂～西京極　*1970.1.9*

右の動物園前行きが扉を閉める頃、2800系の河原町行き急行が通過。一瞬の顔並びのあと、次の上新庄へ向けて発車していった。左には西陣染色大阪工場の煙突が見える。相川　*1980.4.30*

京都寄り地下線から抜け出て、勾配を駆け上がる2800系。運転士と添乗乗務員が見つめる先には、高架の西京極へ延びる直線が続く。西院～西京極　*1980.5.16*

日よけの鎧戸が連なり、水面に映る2800系も穏やかな好天の一日。先頭車の屋根上に列車無線アンテナが付いたあとの姿だが、モニター屋根の連なりと連窓が美しさを引き立たせている。西京極〜桂　*1971.11.21*

中の島スポーツグラウンドの照明塔や水道管を背景に、明治時代からの橋脚が残っていた旧神崎川橋梁を行く5300系北千里行き。下新庄～吹田　*1980.4.30*

終点の北千里に進入する3300系。動物園前から20kmほどの道のりを、各駅に停まりつつ40分ほどかけて辿り着く。
山田～北千里　*1980.4.30*

左の写真を撮ったあと振り返って撮るとこうなる。5300系と3300系は地下鉄乗り入れ時には前面の左上に幕式の行先を表示し、乗り入れしない本線運用では従来通りの運行標識板を掛けていた。北千里　*1980.4.30*

【著者プロフィール】

諸河 久（もろかわ ひさし）

1947年東京都生まれ。日本大学経済学部、東京写真専門学院（現・東京ビジュアルアーツ）卒業。
鉄道雑誌「鉄道ファン」のスタッフを経て、フリーカメラマンに。
「諸河　久フォト・オフィス」を主宰。国内外の鉄道写真を雑誌、単行本に発表。
「鉄道ファン／CANON鉄道写真コンクール」「2020年 小田急ロマンスカーカレンダー」などの審査員を歴任。
公益社団法人・日本写真家協会会員　桜門鉄遊会代表幹事
著書に『カラーブックス　日本の私鉄３　阪急』、『オリエント・エクスプレス』（ともに保育社）、『都電の消えた街』（大正出版）、『総天然色のタイムマシーン』（ネコ・パブリッシング）、『モノクロームの国鉄蒸機　形式写真館』、『モノクロームの東京都電』（ともにイカロス出版）、『モノクロームの私鉄原風景』（交通新聞社）など多数があり、2019年11月にはイカロス出版から『モノクロームの軽便鉄道』を上梓している。

【執筆協力】
大沼一英

【作品提供】
篠崎隆一

【編集協力】
田谷惠一、湯川徹二

【モノクローム作品デジタルデータ作成】
諸河 久

1970～80年代《ねんだい》

阪急《はんきゅう》電車《でんしゃ》の記録《きろく》

【下巻《げかん》】京都《きょうと》本線《ほんせん》・千里《せんり》線編《せんへん》

2020年3月18日　第1刷発行

著　者……………………諸河久
発行人……………………高山和彦
発行所……………………株式会社フォト・パブリッシング
〒161-0032　東京都新宿区中落合2-12-26
TEL.03-5988-8951　FAX.03-5988-8958
発売元……………………株式会社メディアパル
〒162-8710　東京都新宿区東五軒町6-24
TEL.03-5261-1171　FAX.03-3235-4645
デザイン・DTP………柏倉栄治（装丁・本文とも）
印刷所……………………株式会社シナノパブリッシング

ISBN978-4-8021-3180-3 C0026

本書の内容についてのお問い合わせは、上記の発行元（フォト・パブリッシング）編集部宛てのEメール（henshuubu@photo-pub.co.jp）または郵送・ファックスによる書面にてお願いいたします。